*Gracias a Anne Simon
por jugar al hada buena.*

EDICIÓN ORIGINAL
Redacción: Françoise de **Guibert**
Edición: Brigitte **Bouhet**
Dirección editorial: Françoise **Vibert-Guigue**
Dirección artística: Frédéric **Houssin** y Cédric **Ramadier**
Concepción gráfica y realización: **Double**, París
Dirección de la publicación: Marie-Pierre **Levallois**

EQUIPO EDITORIAL LAROUSSE MÉXICO
Dirección editorial: Tomás **García**
Edición: Amalia **Estrada**
Asistencia editorial: Lourdes **Corona**
Coordinación de portadas: Mónica **Godínez**
Adaptación de portada: **Pacto Publicidad, S.A. de C.V.**
Traducción: Ediciones Larousse con
la colaboración de Adrien **Pellaumail**

Título original: *Mes petites encyclopédies Larousse-Princesses et fées*
D.R. © MMV, Larousse, S.A.

D. R. © MMVI, Ediciones Larousse, S.A. de C.V.
Londres núm. 247, México 06600, D. F.

ISBN 2-03-565-141-7 (Larousse, S.A.)
ISBN 970-22-1448-3 (Ediciones Larousse, S.A. de C.V.)
978-970-22-1448-9
ISBN 970-22-0855-6 (Colección completa)
978-970-22-0855-6

PRIMERA EDICIÓN — 1ª reimpresión

Esta obra no puede ser reproducida,
total o parcialmente, sin autorización escrita del editor.

Larousse y el logotipo Larousse son marcas
registradas de Larousse, S.A.

Impreso en México – Printed in Mexico

Mi Pequeña Enciclopedia

Hadas y Princesas

Ilustraciones: Élène Usdin

LAROUSSE

Mallorca 45
08029 Barcelona

Londres 247
06600 México, D.F.

Valentín Gómez 3530
1191 Buenos Aires

21 Rue du Montparnasse
75298 París Cedex 06

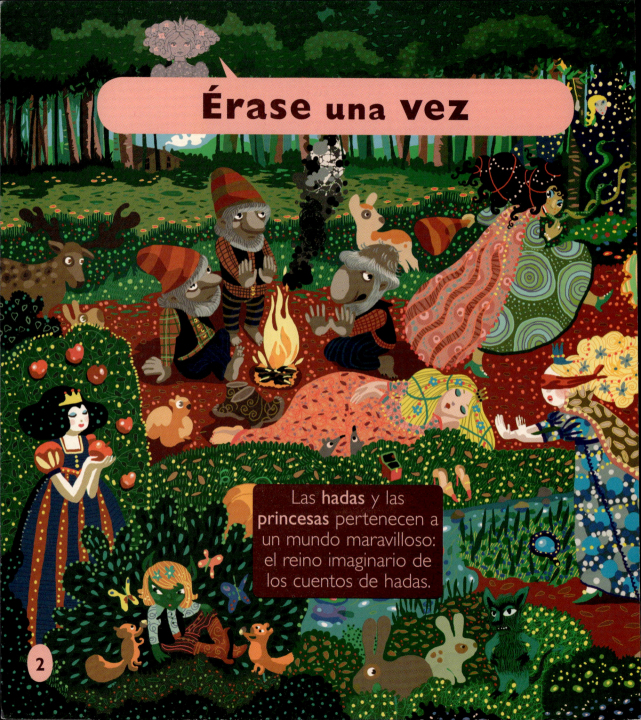

Érase una vez

Las **hadas** y las **princesas** pertenecen a un mundo maravilloso: el reino imaginario de los cuentos de hadas.

¿Hada o princesa?

Estos son algunos elementos que permiten reconocer a un hada y a una princesa sin equivocarse:

El **hada** tiene:
- un sombrero puntiagudo
- una varita mágica
- alas de mariposa
- un vestido de estrellas

La **princesa** tiene:
- una corona
- una larga cabellera
- joyas
- un vestido adornado con diamantes

Al **hada** le gusta volar por los aires conducida por unos **cisnes** blancos o por un **unicornio**.

La **princesa** se desplaza en una **carroza** tirada por caballos.

Una vida de princesa

La princesa es dulce y **encantadora**. Se pasa los días cantando, bordando y escribiendo poemas.

Sin embargo, algunas princesas prefieren **montar a caballo**, cazar o descubrir el mundo.

A la princesa le gusta divertirse y bailar hasta desgastar sus zapatillas. Todas las princesas se arreglan para lucir hermosas en la noche del **gran baile**.

La princesa es tan **delicada** que un guisante seco escondido bajo diez colchones le impide dormir.

El castillo

La princesa vive en un hermoso **castillo** rodeado de jardines y bosques. Alrededor del castillo, hay un foso con agua y la única forma de entrar es por un puente levadizo.

El **salón de baile** del castillo está ricamente adornado e iluminado con antorchas.

En una de las torres del castillo suele encontrarse una **anciana** que hila la lana con una rueca.

El hada prefiere vivir **sola**, en medio de la naturaleza.

Se instala cerca de un manantial en el **bosque**. Habla con las plantas y con los animales.

Las hadas madrinas

¡Qué suerte tener a un hada como madrina! Las hadas ayudan con su **magia** a las princesas, pero también a las pobres huérfanas.

Siguiendo los consejos del hada de las Lilas, **Piel de asno** le pide a su padre:

un vestido del color del **clima**...   un vestido del color de la **luna**...   un vestido del color del **sol**.

Para que **Cenicienta** pueda ir al baile, su hada madrina transforma una calabaza en carroza al tocarla con su varita mágica.

Junto a la cuna

Para el **bautizo** de los pequeños príncipes y princesas, el rey invita a todas las hadas del reino a un gran banquete. Los cubiertos son de oro, con diamantes y rubíes engarzados.

Los **dones** son los regalos de las hadas:

La **belleza**,

la **inteligencia**,

el **don de la música**,

el de la **danza**.

Pero en algunas ocasiones, las hadas hacen crecer **orejas de asno**, como en el cuento español *El príncipe y las hadas*.

Las hadas **malignas**

A veces llega a suceder que un hada se vuelva **malvada**. Entonces se parece a una **bruja** y lanza maleficios.

El hada **Maléfica** no fue invitada al bautizo de la pequeña Aurora.

La vieja hada está muy enojada y **lanza un maleficio** a la princesa.

Aurora se **pinchará** el dedo a la edad de quince años y morirá.

Afortunadamente, una joven hada formula otro encantamiento: al pincharse, Aurora **dormirá** durante 100 años. Es la Bella Durmiente del Bosque.

El príncipe azul

El príncipe debe conquistar el corazón de la princesa, ¡y no siempre es fácil!

Si realmente es **valiente**, el príncipe no temerá enfrentarse a los dragones.

¡Qué alegría le da a una princesa prisionera que la **libere** su príncipe!

¡Como por arte de magia, un solo **beso del príncipe azul** despierta a una princesa dormida!

Aun cuando no es guapo, un príncipe siempre tiene **ingenio**.

Las hadas son **maliciosas**, y a veces juegan una mala pasada a los príncipes.

Transformado en **sapo**, el príncipe debe pasar una noche en la cama de una princesa para convertirse de nuevo en hombre.

Otra hada convierte a un joven en una **bestia** para **castigarlo** por su egoísmo.

Afortunadamente, la **Bella** que lo ama lo libera de este maleficio.

Varita y magia

Además de la **varita mágica**, hay muchos objetos mágicos en el baúl de un hada.

Una caja de **polvo de hada** permite volar por los aires.

Los **anillos de oro** vuelven invisible a quien los usa.

El **espejo mágico** permite ver a los seres queridos.

Las **botas de siete leguas** recorren grandes distancias en poco tiempo.

Una **llave mágica** abre todas las cerraduras.

El **encendedor mágico** amansa a los perros feroces.

Las pruebas

El hada siempre **recompensa** a las personas generosas y honestas y **castiga** a los egoístas y perezosos.

El hada, **disfrazada de anciana**, se sienta junto a una fuente y pide ayuda a los paseantes.

Una muchacha le ofrece agua. Para agradecerle, el hada le concede un don: **piedras preciosas** y **flores** salen de su boca cada vez que pronuncia una palabra.

Cuando su hermana pasa por la fuente, desaira al hada. ¡Ay de ella! ¡La muchacha empieza a escupir **serpientes** y **sapos** cada vez que pronuncia una palabra!

Los animales encantados

Existen muchos **animales extraordinarios** en los cuentos de hadas.

El **unicornio** es un caballo blanco con un largo cuerno en espiral en la frente.

El **dragón** es un monstruo espantoso. Parece un enorme lagarto con alas y escupe fuego.

El **grifo** es un animal fantástico, mitad león, mitad águila. Resguarda tesoros escondidos en las montañas.

El **fénix** es un ave maravillosa. Cada 500 años, muere entre las llamas y renace de sus cenizas como pajarillo.

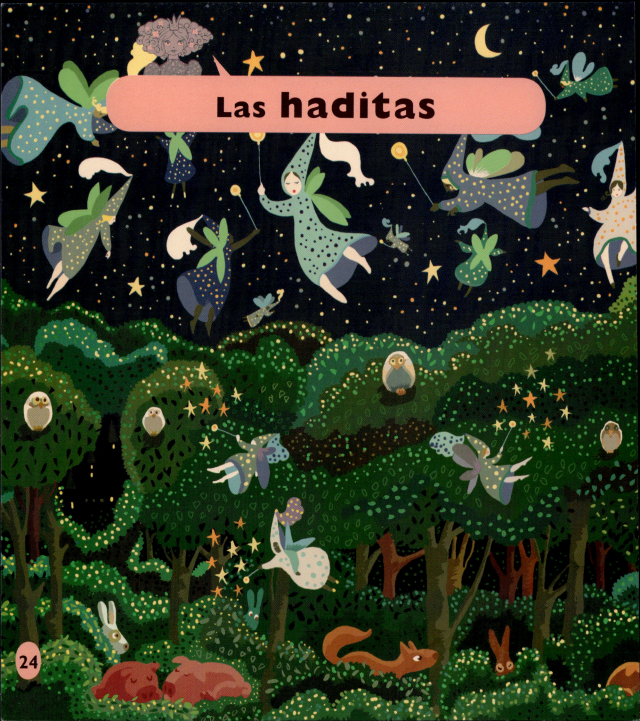

En la naturaleza, las haditas empiezan a volar cuando cae la noche.

Tienen alas de **mariposa** y se visten con pétalos de rosa.

Suelen descansar sobre una **flor**.

Beben el **rocío** de la mañana y comen **fresas** silvestres.

En las noches de luna llena, se reúnen en un claro del bosque para **bailar la farándula** con los elfos. Los humanos tienen prohibido asistir a estas fiestas.

Los enanos y los duendes

En el bosque se encuentran otros personajes **encantados**.

Los **7 enanos** esconden a Blanca Nieves en su casa para protegerla de la malvada reina.

Los **duendes** llevan un gorro; les gusta jugar y hacer bromas.

Los **elfos** son muy pequeños. Tienen alas y orejas puntiagudas.

Existen también **duendes maléficos**, que odian la luz del sol y sólo salen de noche.

Hadas famosas

Por lo general, las hadas no tienen nombre, aunque algunas de ellas se han vuelto famosas.

Melusina tiene que esconderse todos los sábados porque ese día sus piernas se transforman en cola de serpiente.

El hada **Campanita** es la amiga de Peter Pan. Gracias a ella, los niños pueden volar.

El **hada Maléfica** es la vieja hechicera de la Bella Durmiente.

El **hada Azul** le da vida a Pinocho, el muñeco de madera.

Hadas del mundo

Existen hadas en **todas las regiones** del mundo.

En Alemania, la **Tía Arié** hace las veces de Santa Claus y reparte regalos a los niños.

La **Reina de las nieves** vive en un maravilloso palacio de hielo cerca del Polo Norte.

En los países nórdicos, cuando la **Señora Holle** sacude sus almohadas de plumas de ganso, nieva sobre la Tierra.

En Italia, los dulces de la **Befana** se transforman en carbón en la boca de los niños desobedientes.

Princesas del mundo

Scheherazade

Durante 1001 noches, la princesa Scheherazade le contó historias maravillosas al rey de Persia.

Pocahontas

En Canadá, la princesa india Pocahontas le salvó la vida a John Smith, un navegante inglés que los indios habían capturado.

Anastasia

En Rusia, una joven campesina descubre que es la hija del Zar. Tendrá que comprobarlo.

La princesa **japonesa**

Viste un hermoso kimono de seda y lleva extrañas zapatillas.

La princesa **azteca**

Vive en la montaña. Su larga cabellera cae sobre sus hombros. Lleva un gran collar de oro y turquesa.

La princesa **africana**

Camina descalza. Su cabello está trenzado. Lleva collares de perlas de todos los colores.

La princesa **egipcia**

Lleva collares y aretes de oro. Se delinea los ojos con un polvo negro. Una diadema adornada con una flor de loto sujeta su cabello.

Esta obra se terminó de imprimir y encuadernar
en Diciembre de 2007 en Gráficas Monte Alban,
S.A de C.V. Fraccionamiento Agro Industrial
La Cruz, C.P. 76240. El Marqués, Qro.